性格が合わないんじゃなくて話がかみ合っていないから

稲場真由美
Inaba Mayumi

WAVE出版

● はじめに ●

「なんでそんなこと言うの？」
「どうしてわかってくれないの？」

誰かに、そんなことを思ったことはありますか？

日々、人とかかわっていると、
「なんでそうなるの!?」と、
びっくりすることが起こります。

話をまったく理解してくれなかったり、
予想外の反応で傷つけられたり、
自分勝手な言動に振り回されたり。

そんなふうに、モヤモヤすることがありますよね。

でもそこには、あなたの思い込みがあるかもしれません。

「相手も私と同じ言葉を持っている」と。

「なんでそんなこと言うの?」は、

「なんでこう言ってくれないの?」であり、

「どうしてわかってくれないの?」は、

「どうして私の言葉がわからないの?」です。

どれも「私の言葉で話して」という前提があるのです。


その前提をなくして、相手の本音を覗いてみたら、
自分と相手の「違い」が見えてきます。

「なんだ、そんなふうに思っていたの?」

と思えたら、気持ちも楽になっているはず。

自分のこと、相手のこと、上手に受け止めていきましょう。

contents

盛り上がっているところに水を差す 46
「とりあえず」でやらされる 48
気持ちを察してくれない 50
どこでも一緒に行きたがる 52
何時に帰ってくるかわからない 54
本心が見えない 56
外出中に何度も連絡がくる 58
何を言っても「でも」「だって」 60

Chapter 3

困ってしまうとき

Chapter 4

傷つけられるとき

Chapter 5
理解できないとき

漫画／アボット奥谷
装丁・DTP／松山千尋（AKICHI）
編集協力／福井壽久里
校正／株式会社ぷれす
編集／枝久保英里（WAVE出版）

Chapter 1

「受け止め方」で人間関係は楽になる

その言葉、ちゃんと伝わってる？

Ａさんが上司に頼まれた資料を作って、提出しました。

上司は「おお！　すごいじゃないか！」とＡさんを精一杯ほめます。

でも、Ａさんは喜ぶどころか不服な顔をしています。


なぜＡさんが喜ばないのか、その理由がわかりますか？


人は、自分が言われて嬉しい言葉を相手にかけます。

あなたにとってのほめ言葉はなんでしょうか？

「すごいね！」と大げさに言われることが嬉しい人は、相手をほめるときにも「すごいね！」と言い、「ありがとう」と言われることが嬉しい人は、相手をほめるときにも「ありがとう」と言います。

誰でも、自分が言われて嬉しい言葉は、相手にとっても嬉しい言葉だと思い込んでいるものです。

「思い込み」と言い切れるのは、相手から想定通りの反応をもらえることはあまりないから。上司が「喜ぶだろう」と思い込んでかけた言葉も、Aさんにはほめ言葉として受け取ってもらえなかったのです。

あなたにも、相手に言葉がうまく伝わらなかったり、相手の言葉があまり理解できなかったりして、悩むことがあるでしょう。

たとえば、こんな経験はありませんか？

精一杯ほめたのに反応が悪くて損をした
「適当にやって」と上司の指示がわかりづらくて困った
「ありがとう」の一言がなくてがっかりした

ちょっとしたことだけど、期待通りの言葉や反応をくれない相手に不満を抱いてしまう。そんなことが日常にはたくさんありますよね。

人間関係の中で不平不満が湧き起こるとき、**実は原因は相手の性格にあるのではなく、自分と相手は「同じ」だという思い込みにあることが多いのです。**

さきほどの例でモヤッとするのは、
「大げさにほめられたら、誰でも嬉しいでしょ」
「仕事は細かく指示されたほうが進めやすいはずだ」
「こまめに『ありがとう』を言うのが当たり前だよね」

こんなふうに自分と相手の価値観は同じだと思い込んで、コミュニケーションをとってしまっているからなんですね。

かつての私も、そう思い込んでいました。
私にとっては嬉しい「すごい！」というほめ言葉。それを周囲の人に積極的にかけていたら、当時の部下から「何がすごいのかわからない。テキトーに見ている言葉にしか聞こえない」と言われ、私は頭が真っ白になりました。

「こんなにほめてきたのに、まったく伝わっていなかった」

私にとってはポジティブな言葉が、相手にとってはネガティブな意味を与えていたことに初めて気づいたのです。そのときすでに、多くの部下が私から離れてしまっていました。

そして自分の思い込みに気づいた私は、「このままではいけない」と、やり方を変えることを決意。ほめ言葉の違いや仕事の進め方の違いなど、さまざまな点からコミュニケーションを研究し始めました。

それから16年間、多くの人を調査した結果、人の性格は大きく4タイプに分けられ、それぞれコミュニケーションの取り方が違うことが体系的に見出されたのです。

「性格統計学」と名づけたその理論では、自分の性格だけでなく、相手の性格までわかり、お互いの違いを知ることができます。

違いを知ることで、相手の性格は変えられなくても、自分の中で相手の受け止め方を変えることができるのです。

たとえば、「すごい！」がほめ言葉と受け取れない人は、具体的に評価されることが嬉しいタイプ。

「お風呂をピカピカにしてくれて、すごいね！」と言われるよりも、「浴槽だけじゃなくて、窓まで拭いてくれたんだね。細かいところまでよくやってくれたね」と具体的に評価することでほめられたと感じます。

冒頭のAさんも、「すごい！」とほめられただけでは、どこのことを言っているのかわからず、「ちゃんと見てくれていない」と思い込んでしまっていたのですね。

それがわかっていれば、「ほめたのに無愛想で嫌なヤツ」ではなく、「具体的にほめてほしかったんだな」と相手の受け止め方が１８０度変わるのです。そして次からかける言葉も変わり、人間関係もよくなっていくでしょう。

生きていると、いろいろな人と出会います。

威圧的な態度をとる人、しつこい人、わがままな人、やる気がない人、冷たい人、重たい人……。
誰かに対して「なんでそうなるの!?」と思うことなんて毎日起こります。
でももしそれが、あなたの思い込みによるものだったら?
気づいていない相手の本音が隠れていたら?

相手の言葉の意味がわかれば、イラッとしたり、傷ついたり、悶々とすることも減っていきます。

自分の中の受け止め方を変えるだけで、人間関係のストレスは激減するのです。

人の性格には4タイプある

ではまず、あなたの性格タイプを知りましょう。「性格統計学」に基づいて、4つのタイプのどれに当てはまるのかを診断していきます。

次の2つの質問について、考えすぎず直感で答えてください。

質問

❶ **朝に「晩ご飯はカレーだよ」と聞いていましたが、帰ってみるとメニューがハンバーグに変更されていました。あなたはどう感じますか？**

A 「あれ？ カレーじゃなかったの？」とちょっとがっかり

B 「ハンバーグになったんだ。ふーん」とあまり気にしない

❷友達とレストランに来ました。あなたはもう食べたいものは決まっていましたが、そのレストランには「二人で同じメニューを頼まなければいけない」という変わったルールがありました。あなたはどうしますか？

※あなたはどうしたいのか、本音で答えてください

A　相手が食べたいものを聞いて合わせる

B　自分が食べたいものを伝えて相談する

診断結果

❶A❷A……ピース・プランニング

❶A❷B……ロジカル

❶B❷A……ピース・フレキシブル

❶B❷B……ビジョン

2つの軸でわかる性格タイプ

性格統計学では、2つの軸をもとに、性格タイプを4つに分けて考えます。**縦軸は「相手軸」か「自分軸」か、どちらが動機になるかを表しています。**相手軸の人は「あなたはどうしたい？」と相手が主語になります。自分を主張するよりも相手に合わせることが心地いいと感じます。反対に自分軸の人は「私はね」と主語が自分になりやすいです。自己主張がはっきりとあり、物事を自分の視点からとらえます。

横軸は「計画重視」か「臨機応変」か、行動の傾向を表しています。計画重視とは、物事を進めるとき、細かくスケジュールを立ててから行動に出る人です。ゴールとその道順が見えないと動けない人でもあります。反対に臨機応変とは、とっさの変更にも柔軟に対応できる人。一方で、細かく予定を立てるのは苦手な人です。

4つの性格タイプ

相手軸
ピース・フレキシブル
相手を優先し、
臨機応変に進めたいタイプ
ピース・プランニング
相手を優先し、
計画的に進めたいタイプ
臨機応変
計画重視
ビジョン
自分を優先し、
臨機応変に進めたいタイプ
ロジカル
自分を優先し、
計画的に進めたいタイプ
自分軸

この縦軸と横軸のポジションによって、性格タイプは4つに分けられます。

自分を軸に物事を考え、計画的に進めたいのがロジカル。自分軸で臨機応変に物事に対応するのがビジョンです。

そして、相手軸で動くのはピース。ピースタイプの中で、計画的に進めたいのがピース・プランニング、臨機応変に進めたいのがピース・フレキシブルと、2つに分けられます。

2つの質問に答えることで自分軸か相手軸か、計画重視か臨機応変かがわかり、自分や相手の性格タイプが分類されるのです。

人には生まれ持った性格があり、大人になってもその傾向が強く残ります。

ただ、育った環境や仕事をする中で後天的な性格が育ち、元の性質に加わっていく人もいます。

たとえば本来、1から10まできっちりとスケジュールを立てて進めたいロジカルも、突然のトラブルに対応したり、顧客の状況に合わせて対応をしたり、職場で臨機応変に行動するうちに、後天的にフレキシブルな性格ができることもあります。

ただし、家にいるときやリラックスした関係においては、本来の性格タイプが強く表れることもわかっています。

状況によって違うという人は、家にいるときの自分をイメージしてみるのもいいでしょう。また、次に紹介する、それぞれのタイプの「ストレスになること」から当てはめてみると、本来のタイプと一致しやすくなります。

納得してから動きたい
自分のペースを大切にするしっかり者

ロジカル

わかり
やすい
無理です
期限は？
つまり

基本の性格

- 目標と計画を立てて動く
- 経緯より結果を重視
- 内容を考えてから話す
- 自分のペース、効率が大事
- 「できる」と思ってから動く
- 納得することが大切

ストレスになること

- 急な予定変更
- ざっくりとした指示
- 一人の時間がないこと
- 実用的ではないプレゼント
- あらゆる無駄（時間・お金・労力）
- 結論の見えない長い話
- テキトーな言葉
- 感情的な言動

嬉しいほめ言葉

具体的にほめる
「去年より利益を10％増やすなんてさすがだね」

自由に思うがまま動きたい
自分の感性を大切にする天才肌

ビジョン

基本の性格

- 臨機応変に対応する
- オンとオフの差が激しい
- 予定は変わるものだと考える
- 内容を考えながら話す
- 帳尻を合わせるのが得意
- 感性を大切にする

ストレスになること

- 束縛されること
- 「なぜ?」と聞かれること
- 後回しにされること
- 長い話を聞くこと
- 細かい指示、ダメ出し
- 薄いリアクション
- 察してくれない人
- 細かく予定を聞かれること

嬉しいほめ言葉

大げさにほめる
「すごいね!　来年も期待しているよ!」

人の役に立ちたい
共感と筋を大切にする平和主義者

ピース・プランニング

基本の性格

- 人に喜ばれたい
- 本質を大切にする
- 話は元から全部聞きたい
- 目立ちたくないが存在感は欲しい
- すべての物事には理由があると思う
- 外では優しく、内では厳しい

ストレスになること

- 人と比べられること
- 人に迷惑をかける言動
- 話を聞いてくれないこと
- 悪口や言い争い
- 大きな物音、声
- ないがしろにされること
- 一人でやらされること
- 筋が通らない話

嬉しいほめ言葉

感謝を込めてほめる
「助かったよ。ありがとう」

人の役に立ちたい
共感と輪を大切にする平和主義者

ピース・フレキシブル

そもそも
なんで？
でも、だって
ありがとう

基本の性格

- 人に喜ばれたい
- 本質を大切にする
- 話は元から全部聞きたい
- 目立ちたくないが存在感は欲しい
- すべての物事には理由があると思う
- 相手と状況に合わせて判断する

ストレスになること

- 人と比べられること
- 人に迷惑をかける言動
- 話を聞いてくれないこと
- 悪口や言い争い
- 大きな物音、声
- ないがしろにされること
- 一人でやらされること
- 何かを選ばされること

嬉しいほめ言葉

感謝を込めてほめる
「助かったよ。ありがとう」

苦手なタイプは存在する

人の性格タイプは、ロジカル、ビジョン、ピース・プランニング、ピース・フレキシブルの4つに分けられるとお話ししましたが、**4つのタイプにはパワーバランスがあります。**

たとえば、直感を大切にし、臨機応変に出来事に応じて生きるビジョンは、ロジカルの論理的な言葉選びやリアクションの薄さに「冷たい」「怖い」と感じることが多いのです。

ビジョンの妻とロジカルの夫という夫婦では、ビジョンの妻が夫に対して立場が弱くなる傾向にあるなど、ロジカルとビジョンでは、ビジョンよりもロジカルの立場が強くなることがよくあります。

●4タイプのパワーバランス●

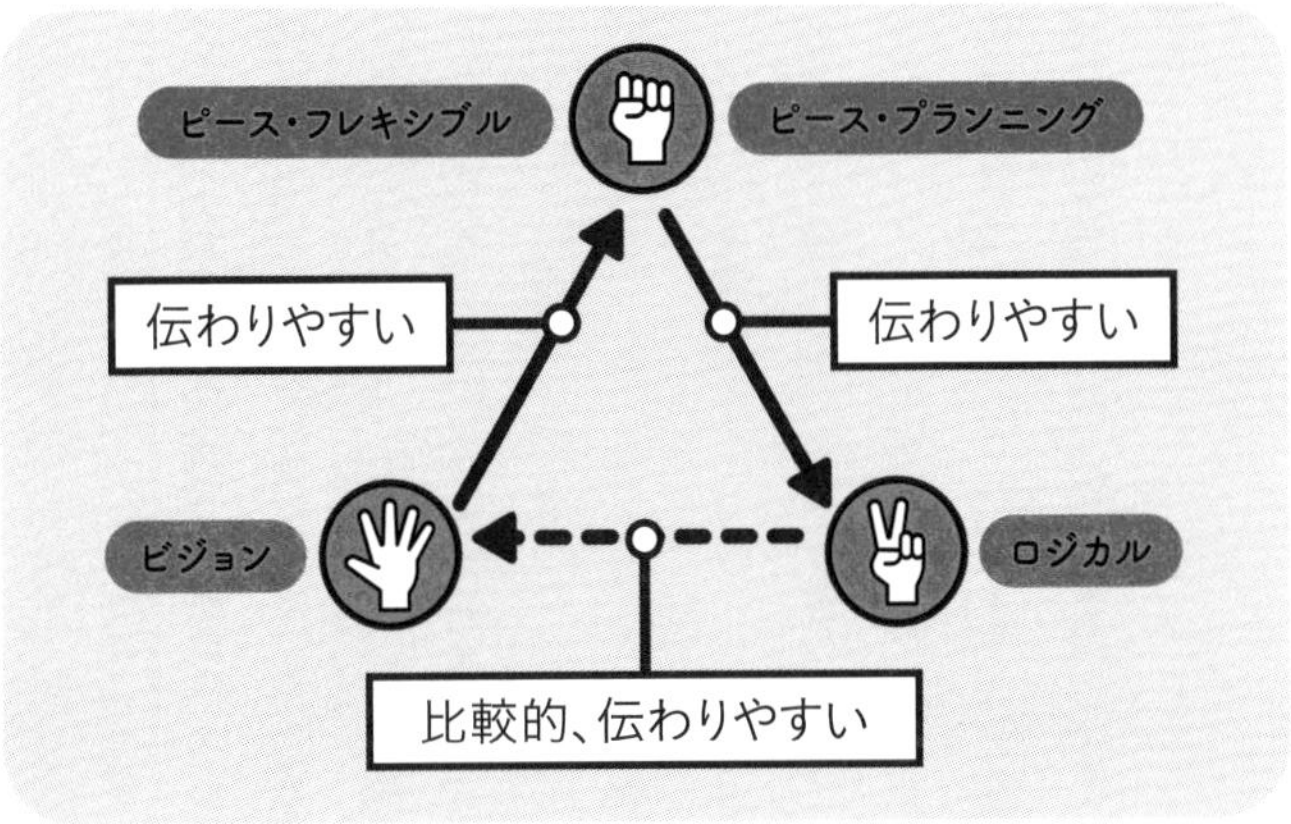
ピース・フレキシブル
ピース・プランニング
伝わりやすい
伝わりやすい
ビジョン
ロジカル
比較的、伝わりやすい

では、論理的なロジカルはどのタイプに対しても立場が強くなるのかというと、そうではありません。ロジカルが消耗してしまう相手はピースです。

結論から端的に話してほしいロジカルにとって、出来事の経緯を最初から最後まで長々と話すピースの話を聞くことはとても大変な作業。

ロジカルは結論が出てくるのを黙って真剣に聞いているのですが、結局結論がないこともあるのがピース。ロジカルは話を途中で切ることができないので、どっと疲労感に襲われます。ですから、ロジカルとピースの関係では、ロジカルよりもピースの立場が強くなりやすいのです。

このパワーバランスは、グーチョキパーの関係性でたとえられます。ロジカル（チョキ）はビジョン（パー）に、ピース（グー）はロジカル（チョキ）に、そしてビジョン（パー）はピース（グー）に強いという相関関係が成り立っているのです。

ピースは「ピース・プランニング」と「ピース・フレキシブル」に分かれますが、相手軸という共通した要素があるため、まとめて説明することが多くなります。

「なんでそんな言い方するの!?」と友達の言動に驚いたときや、嫌いじゃないのに、会うとどっと疲れてしまうとき、夫婦や恋人関係で相手の立場が強く感じるときには、パワーバランスが関係しているかもしれません。

性格統計学でタイプがわかると、自分と相手との違いがはっきりと認識でき、苦手な人がいても当たり前、好きな人に苦手な部分があるのも当たり前と思えるようになります。

ただ、その関係を変えたいと思うこともあるでしょう。

たしかに性格タイプ間にパワーバランスは存在していますが、自分のタイプと相手のタイプを知っていれば、相手に伝わりやすい言葉を選べるようになり、よりスムーズに意思疎通することができるようになります。

たとえばロジカルは、ピースの話に結論を求めず、共感を示す言葉をかけたり、ビジョンはロジカルに、できるだけはっきりと意思を伝えたりするなど。

相手の性格は変えられないので、自分にできる工夫を見つけることが大切です。そして、その方法のひとつが、この本で紹介していく「受け止め方」なのです。

「伝え方」の前に「受け止め方」

コミュニケーションでは「伝え方」が大切だといわれますが、**伝える前にまず行うのは、相手の言葉を受け止めること。**その後に、自分の思いを伝えるにはどうするかを考える、の順番だと思います。

つまり、伝え方を考えるよりも先に、「受け止め方」を身につけることが大切なのです。

受け止め方とは、

❶自分を知る
❷相手を知る
❸違いを認める

の3つのステップを踏むことです。

たとえば、知人の会社を訪問したとします。

あなたはお気に入りのチョコレート屋さんで詰め合わせを買って、手土産に持参しました。

「きっと喜んでくれるだろう」とワクワクしながら手渡すと、相手からは期待したほどの反応はなくがっかり。スタッフの人たちにあげてしまっているのを見て、さらに落ち込みます。

そんなとき「せっかく買ってきたのに人にあげてしまうなんてひどい」と受け止めたら、ストレスでいっぱいになりますよね。


そこで、もし相手は甘いものが苦手だと知っていて、「私はチョコレートが好きだけど、あの人は甘党ではないから仕方ない」と受け止められたらどうでしょうか?

相手はあなたの好意を無下にしているのではなく、好みが違っただけ。

無駄にならないように、スタッフみんなでおいしくいただこうと配慮したんだと受け止められたら、気持ちはずっと楽ですよね。

そして次からは、しょっぱいものや飲み物を手土産に持っていくでしょう。

自分を知り、相手を知り、その違いを認めることで、相手の見え方は天と地ほども変わります。

性格タイプによるコミュニケーションギャップを、ストレスのままにするか、それとも受け止め方を身につけてストレスから解放されるかで、今後の二人の関係性も大きく変わっていくでしょう。

この本ではこの3ステップをもとに、人間関係の悩みがウソのように軽くなる「受け止め方」をお伝えしていきます。

「受け止める」とは、自分に我慢を強いて、相手を優先させることではありません。自分は自分のまま、相手も相手のまま。どちらも我慢することなく、その違いを理解することです。

「あの人はそんなふうに思っていたんだ」

「この言葉はそう受け取られていたんだ」

読み進めるほど、相手と自分があまりに違う価値観で生きていることに驚くでしょう。
「そりゃあすれ違うに決まってるよね……」と妙に納得し、「こんなふうに受け止めればいいいんだ」と最後にはきっと笑えているはず。

わかりやすくするために、あえて「〇〇タイプはこういう性格です」とはっきり書いていますが、もちろん当てはまらない人もいます。
そのため、「あの人は〇〇タイプだから、絶対こう思っているんだ」と決めつけないように注意してください。あくまであなたの心を守るために、使っていただければ嬉しいです。

自分のことも、相手のこともよく知って、小さなすれ違いに翻弄されずに、もっと気持ちを楽に生きていきましょう。

この本の読み方

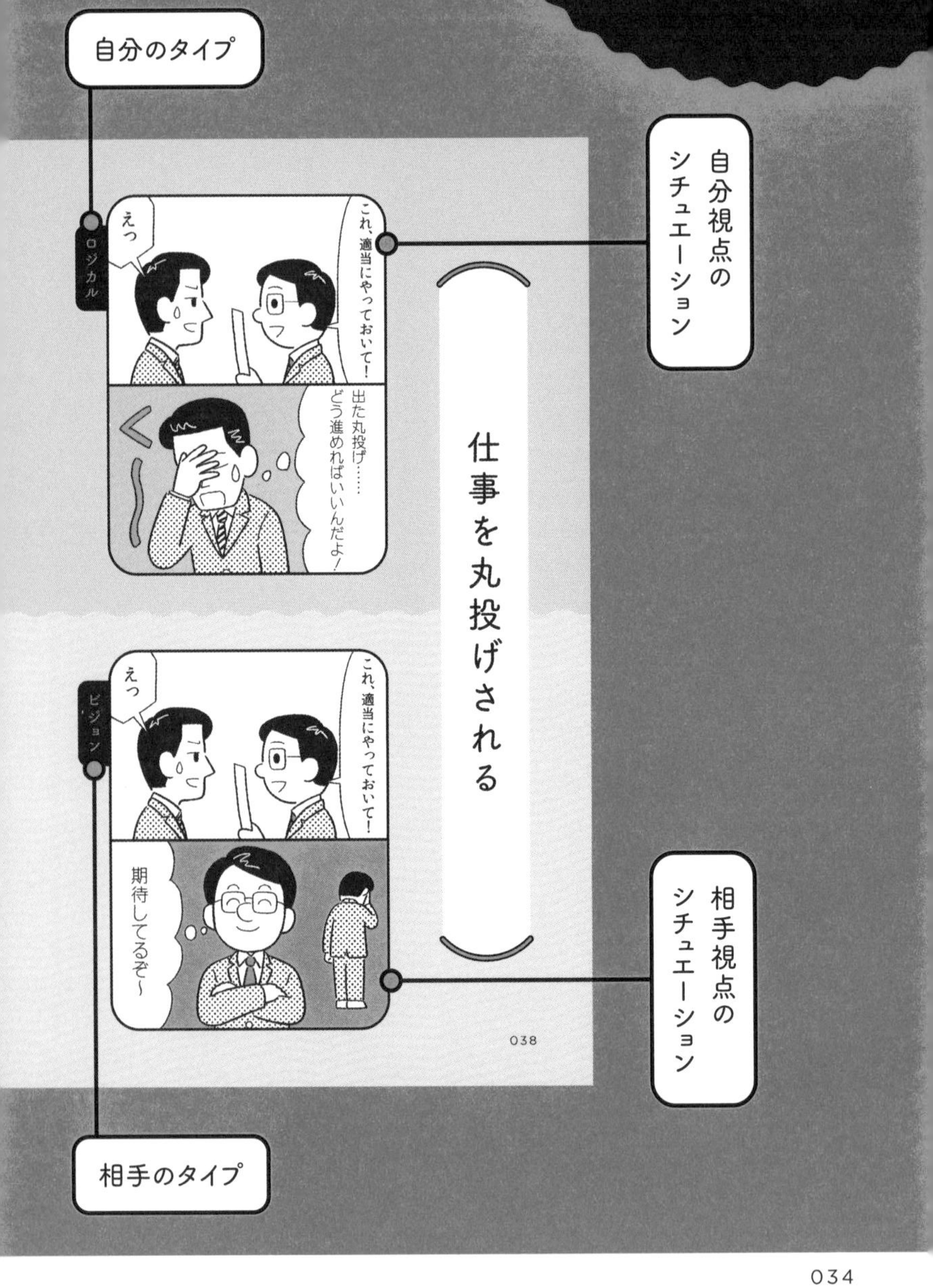

自分のタイプ
ロジカル
これ、適当にやっておいて！
えっ
出た丸投げ……
どう進めればいいんだよ！
自分視点のシチュエーション
仕事を丸投げされる
ビジョン
これ、適当にやっておいて！
えっ
期待してるぞ〜
038
相手視点のシチュエーション
相手のタイプ

性格統計学に基づく、すれ違いの分析

Chapter 2

イラッとするとき

よかれと思って自由を残す

ビジョンは人に仕事を丸投げする傾向があります。これは、ビジョンが細かく指示されるよりも任されるほうが、モチベーションも上がる性格のため。「自由に任されるほうが、やりやすいだろう」「好きにできて楽しいよね」というビジョン特有の価値観から、よかれと思って「適当にやって！」という指示を出してしまうのです。

ところがロジカルは正反対の性格。指示通りにきちんとこなすことを好むため、「好きにしていい」「適当にやっておいて」という言葉を嫌います。詳細がわからない頼まれ方では動けないのです。ビジョンからすると「適当に」は「あなたの裁量でいいよ」と相手への信頼があってこそ用いられる言葉ですが、ロジカルには「いいかげんでいい」とネガティブな意味に聞こえる言葉。「いいかげんな人だ」と信頼を失っていく言葉にもなってしまいます。

まとめ

任されると嬉しいから、丸投げしてくるんだな

039

受け止め方

よくあるシチュエーションごとに、自分と相手の性格を理解していきながら、相手との「違い」をうまく受け止めよう！

Chapter 2

イラッとするとき

仕事を丸投げされる

ロジカル
これ、適当にやっておいて！
えっ
出た丸投げ……
どう進めればいいんだよ！

ビジョン
これ、適当にやっておいて！
えっ
期待してるぞ～

よかれと思って自由を残す

ビジョンは人に仕事を丸投げする傾向があります。これは、ビジョンが細かく指示されるよりも任されるほうが、モチベーションも上がる性格のため。「自由に任されるほうが、やりやすいだろう」「好きにできて楽しいよね」というビジョン特有の価値観から、よかれと思って「適当にやって！」という指示を出してしまうのです。

ところがロジカルは正反対の性格。指示通りにきちんとこなすことを好むため、「好きにしていい」「適当にやっておいて」という言葉を嫌います。詳細がわからない頼まれ方では動けないのです。ビジョンからすると「適当に」は「あなたの裁量でいいよ」と相手への信頼があってこそ用いられる言葉ですが、ロジカルには「いいかげんでいい」とネガティブな意味に聞こえる言葉。「いいかげんな人だ」と信頼を失っていく言葉にもなってしまいます。

まとめ

任されると嬉しいから、丸投げしてくるんだな

手伝ったのに喜ばない

ビジョン

ロジカル

こだわりのやり方があるだけ

ビジョン夫がお皿を洗うと、ロジカル妻からは「ここ、まだ汚れついてるよ」「シンクの水滴、なんで拭いてないの」と細かい指摘が返ってきます。喜んでくれると思っていたビジョン夫は、まったく喜んでくれない妻の反応にがっかり。ビジョンとロジカルの組み合わせには、こんな場面が多く見られます。

ロジカルは設定している基準が高く、「やるならここまでやってほしい」と、人にもその基準を求めてしまうんですね。また、自分のやり方を崩すことも嫌います。

じゃあ、手を出さないほうがいいのかと手伝わなくなると、それはそれで「やってくれない」と文句が出てきます。「わがまま！」と感じるかもしれませんが、ロジカルとうまくやっていこうと思う人は、ぜひ「あなたのやり方ってあるの？　教えて」と言ってあげてください。ロジカルは大変喜びます。

まとめ

自分の方法でやりたいんだな

約束時間になって連絡がくる

ロジカル ＆ ピース・プランニング

あれ、もう時間だよね？
ごめん
遅れる！
え!? 早く言ってよ～
てか何分くらい
遅れるの!?

ビジョン ＆ ピース・フレキシブル

家出るの
遅くなっちゃったな
ガタン
ゴトン
ぎりぎり間に合うかな！
あれ！
もう約束の時間じゃん！
やばい連絡しなきゃ！
あわわわ…

時間の計算をするのが苦手

計画重視タイプ（ロジカル、ピース・プランニング）は、目的地に着く時間から逆算して、時間通りに行動します。遅れそうなときは、その時点で何分ほど遅れるかを計算し、待ち合わせ相手に連絡します。

対して臨機応変タイプ（ビジョン、ピース・フレキシブル）は時間を大まかにとらえているため、どれくらい遅れるのか細かく計算することが大の苦手。特にプライベートでは、何分遅れるかわからない、なんならギリギリ間に合うかもしれないと思っているため、遅れたら申し訳ないと思いつつ、連絡しないまま向かってしまうのです。

ロジカルたちも遅刻は絶対許さないというわけではなく、早めに連絡をもらえれば問題ありません。10分遅れなら化粧を直そう、5分遅れならトイレに寄ろうなど、細かい時間も有意義に使いたいのです。

まとめ

間に合うかもしれないと思っていたんだ

いちいち理由を聞かれる

ビジョン

ピース

ただ理由を知りたいだけ

ピースは物事の根拠や、行動することになった理由を知りたいと強く思う性格。ピースの人は「すべてに理由がある」という大前提のもとで生きているため、つい「なぜ？」と理由を問う質問が多くなってしまうのです。

一方、ビジョンは理由や根拠よりも、「この先がどうなるか」と未来に目を向ける人たちです。「なぜですか？」と聞かれたときには、そこまで深く理由を考えていない、というのがビジョンの本音だったりします。

また、ビジョンが「なぜ？」と相手に聞くときは否定的な意味を込めて使います。「なんでそんなことしたの？」と言うときは、「しちゃダメでしょ」という意味。そのため、「なぜぼくがするんですか？」と聞かれると、相手はしたくないのだと否定の意味で受け取ってしまうのですが、ピースは単純に理由を知りたいだけなのです。

まとめ

拒否ではなく、ただ純粋に教えてほしいんだ

盛り上がっているところに水を差す

ビジョン&ピース

ロジカル

具体的な実現案を考えたいだけ

仲のいい友人で集まり、旅行に行こうと話題がのぼると、「どこ行く?」「あ、それいいね」「車で行く?」とみんなでわいわいと盛り上がります。そんな中、「車に5人と荷物置いたら狭くない?」「誰の車で行くの?」「みんなで日程合わせられるかな」と水を差す発言に、一同沈黙。こんなふうに、ロジカルは盛り上がった場のテンションを急降下させる言葉を放つことがあります。

細かく詰めてくるような発言は、「今、それ言う?」「行きたくないの?」と相手に思わせてしまいますが、ロジカルだって行きたいんです。すごく行きたいからこそ、どうしたら実現できるのか考えているのです。ロジカルは具体的なことが何も決まっていないのに「楽しみ!」と盛り上がることができない性格。でも、すごく行きたいから一生懸命考えている。そんなふうに見てみるとかわいく思えてきます。

まとめ

行きたくないわけじゃなくて、実現させたいのね

「とりあえず」でやらされる

ロジカル

ビジョン

「先のことはわからない」と思っている

ゴールを見据え、きちんとプランを立てて進めたいロジカル。一方ビジョンは、「先のことはわからないから、とりあえずやってみて考えよう」と、細かなプランを立てなくても動くことができるタイプです。

1から10まで手順があるとすれば、ロジカルは1から10のすべてを確認してから進めたいと考えますが、ビジョンは3と、10の雰囲気だけわかれば動き出せます。

ビジョンにとって、予定は目安。約束されたものではないので、とりあえず進めて状況に合わせて対応すればいいと考えるのです。

料理でいうと、メニューありきで、材料をそろえ、手順を確認してから作るのがロジカル。対してビジョンは、冷蔵庫にあるものでとりあえず作ろうとします。この違いは仕事の場面でもよく現れます。

まとめ

先が見えてなくても動ける人なんだ

気持ちを察してくれない

ビジョン

明日9時の電車
乗るからね～
ああ、うん
気をつけてね
え！
送ってくれないの!?
冷たい!!

ロジカル

明日9時の電車
乗るからね～
俺に
言ってるのか
ああ、うん
気をつけてね
明日一人で何しようかなあ

大きな独り言に聞こえているだけ

ビジョン×ロジカルのあるあるです。「私、犬飼いたいな～」とビジョン妻がロジカル夫に話しかけると、夫からは「ふうん」の一言。それを聞いて、妻は「この人、犬には興味がないんだ」と思います。後日、夫から「もしかして犬飼いたいの？」と聞かれて、妻は仰天。「この前、飼いたいって言ったじゃない」と言う妻に、「そうなの？　ただ犬がかわいいっていう話かと思った」と今度は夫がびっくり。

実は、「犬飼いたいな」は、ロジカルには大きな独り言に聞こえます。ロジカルに相談したいときには「飼いたい」という希望形でなく、「飼ってもいい？」と意思を明確に伝えるのがポイント。さらに、事前のアポ取りがあると完璧です。「犬を飼う話をしたいんだけど、話せる時間ある？」と話しかけると、犬を飼う話のモードに頭をきりかえて、実現できるか具体的に考え始めてくれます。

まとめ

はっきり伝えれば動いてくれるんだ

どこでも一緒に行きたがる

ロジカル

ピース

「一緒にしよう」が嬉しい

「一緒にしよう」はピースにやる気を起こさせる魔法の言葉です。これもあれも食べたくない幼児ピースには「じゃあ、一緒に食べようか」、勉強に気持ちが向かない少年ピースは「一緒に勉強しよう」、病院を嫌がるピースおじいちゃんには「一緒に病院に行くよ」と言ってあげましょう。「一緒に」と言われた途端、それまでぐずぐず動かなかったピースの腰はびっくりするほど軽くなります。「一人でできないわけじゃない、でも一人ではしたくない」というのがピースの特性なのです。

反対に「一人で」「自分で」と言われると、ピースのモチベーションは急降下。ロジカルやビジョンはつい「自分でやりなよ」「一人でできるでしょ」と言いがちなので注意が必要です。「一緒にしようか」と動くきっかけを作ってあげれば、あとは自分でできるのがピースなのです。

まとめ

一緒にすることが大事なんだな

何時に帰ってくるかわからない

ロジカル & ピース・プランニング

ビジョン & ピース・フレキシブル

時間通りに動くのが難しい

臨機応変タイプは時間に縛られるのを何より嫌います。会社からの帰り道、駅から家に向かうとき、「今から帰るね」と連絡を入れてもなかなか帰ってきません。帰り道のコンビニにふと立ち寄ったり、連絡を入れ忘れていた人を思い出して道端で連絡し始めたり。「10分後には帰ってくるだろう」と思った計画重視タイプは、ご飯をおいしく食べられるよう計算して動いているのに、帰ってきたのは30分後。温めたご飯は冷めてしまい、「せっかく準備したのに」と激怒することになります。

臨機応変タイプも、時間通りに動くのが難しいことを自覚はしています。自分のために計画を立てても遅れてしまうから、何もしてくれなくて大丈夫だと思っているんです。「せっかく温めたのに!」と怒られるより、「自分で温めてね」と言われるほうがいいんですね。ご飯は多少冷めても、温かい心で出迎えてあげましょう。

まとめ

時間に縛られるのが苦手な人なんだな

本心が見えない

ロジカル
夜ご飯、何食べる？
じゃあ、焼肉とか？
そうだね焼肉食べようか
私はいいけど、いいの？
自分の意見ないの!?

ピース
夜ご飯、何食べる？
じゃあ、焼肉とか？
そうだね焼肉食べようか
この子が喜ぶならいいや
私はいいけど、いいの？

相手と違う意見になるのが嫌

今日のランチを相談するとき、まず「どうする?」と相手に聞いて「中華がいい」と言われたら、「じゃあ中華にしよう」と相手の意見に合わせるのがピースです。いつも人の意見に合わせる姿は、ロジカルの目には自分の意見がない人に映ってしまいますが、ピースに自分の意見がないわけではありません。

ピースは相手軸なので、相手と自分の意見が違うときには基本的に相手に合わせたいと思う性格です。人に合わせることは苦にならず、むしろ相手と違う状況を作ることにストレスを感じてしまいます。相手の喜ぶ顔が見たい人なんですね。

相手に合わせたいピースですが、「私は○○だけど、どう思う?」と聞かれると、ものすごく喜びます。人に合わせるのは心地いいけれど、「あなたはどう?」の一言がもらえると、自分を尊重してくれたと感じて嬉しくなるのです。

まとめ

相手に合わせることで、喜ぶ顔を見たいんだな

外出中に何度も連絡がくる

ビジョン
今どこ？
もう11時だよ
大丈夫？
不在着信
うわ…せっかく楽しんでるのに
11時に帰るって言ったよね!?
ちょっと盛り上がっちゃってさぁ
しょうがないじゃん！

ロジカル
11時に帰るって言ってたのに……
事故にでもあったのかな!?
11時に帰るって言ったよね!?
無事ならひとまずよかったけど……

時間通りに帰ってくると信じている

ビジョンは、時間を刻んでスケジュールを立てることをしません。飲み会から帰る時間を聞かれても、予定はすべてフロー状態なので、「楽しければ帰りは遅くなるし、つまらなければ早く帰ってくるかも」というくらいフワッとした予定です。状況に応じて予定は変わるから、「何時に帰る?」と聞かれても答えられないのです。そして、ちょっと優等生を装ってしまうところもあるため、帰りは12時を回るかもと内心思っていても、「11時には帰るよ」と早めの時刻を言ってしまいます。

対して時間通り正確に行動するロジカルは、「11時に帰る」と言われたら、11時きっかりに帰ってくると考えます。10分すぎても帰ってこなければ、事故にあったのかもしれないと心配になります。心配のあまり「今どこにいるの?」「何時に帰るの?」とこまごまと連絡を入れてしまうんですね。

まとめ

もっと遅い帰宅時間を言っておいたほうがいいな

何を言っても「でも」「だって」

ロジカル

ピース

アドバイスよりも共感が欲しい

「今日友達と映画を観るはずが、ドタキャンされちゃって」とピースが話してきたとき、ロジカルは「払い戻し可能か問い合わせしたら?」「リスケしなよ」と現実的な対処法をアドバイスします。そんなアドバイスに対して、「でも、当日は払い戻しできるのかな……」「でも、友達も忙しくて、次いつ会えるかわからなくて……」と何をアドバイスしても「でも、でも」と、受け入れない様子のピース。

どんなにアドバイスしても、結局「でも」と言って行動しないピースに「一体、何が言いたいの?」「じゃあ、自分で決めなよ」とロジカルはイライラ。ロジカルには「言い訳の多い人」「何を言いたいのかわからない人」に映ってしまうピースですが、言い訳をしているわけではありません。ドタキャンされたことに「残念だったね」と共感してほしいだけ。ただ気持ちをわかってほしいんです。

まとめ

話を聞いて、共感してあげればいいんだ

Chapter 3

困ってしまうとき

何も考えず勢いで動く

ロジカル
ねぇ見て！ ビビッときて買っちゃった！
ええ!?
もうすぐセールだったのに！
もっと考えてから買ってよ！
だって……

ビジョン
ねぇ見て！ ビビッときて買っちゃった！
いい買い物した！
ええ!?
もうすぐセールだったのに！ もっと考えてから買ってよ！
だって…
売り切れたら嫌だし……

効率よりも直感で動く

ロジカルは即断即決で買い物をすることはほぼありません。欲しいものがあるときは、いくつもの店舗で値段や性能を比較検討。セールがあるなら、それまで待機するし、ポイント何倍の時期に合わせるなど、効率的に買い物をします。

そんなロジカルからすると「すごくいいものがあったから、買ってきちゃった！」というビジョンの行動は軽率に見えます。「なんでもっと考えて、計画的に買わないの」と思うんですね。「いいと思ったから」は非常に薄い理由だと感じるのです。

しかしビジョンにとってこの感覚は非常に大切なので、「ピンときたから」も立派な理由になります。「時期を見てお得に買おう」よりも、「今買わないと売り切れるかもしれない」と考えるのです。セールなどにタイミングを合わせることも苦手。それを理解したうえで「本当にいいと思って買ったんだなあ」と受け止めましょう。

まとめ

運命的に出会ってしまったのだな

話が長くて結論が見えない

ロジカル
昨日彼氏と会ってさ〜あの新しいカフェでお茶して〜
うん、うん
なんて答えよう…
そしたらお腹いっぱいになっちゃってさ、夜ご飯も食べずに寝ちゃったんだよね〜
えっ そ、そうなんだ
終わり!? 何が言いたかったの!?

ピース
昨日彼氏と会ってさ〜あの新しいカフェでお茶して〜
その後は…
うん、うん
そしたらお腹いっぱいになっちゃってさ、夜ご飯も食べずに寝ちゃったんだよね〜
いつもちゃんと聞いてくれるなあ

相槌をうって聞いてあげればOK

「話には必ず結論がある」ことが大前提のロジカルからすると、結論が見えない長い話を聞くことは一番のストレスです。これほど疲れることはありません。そしてピースはまさに、結論がないまま話し続けてしまう傾向。出来事の経緯をたどって、順番に話したいので、ついつい話が長くなってしまいます。また、会話のキャッチボール自体を好むため、結論がなくても構わないのです。

ピースとロジカルでは、ピースの長い話を「結論はいつ？」と黙って真剣に聞くロジカル、という構図になりがちです。ピースの話は特に結論もなく終わることが多いため、ロジカルはどっと疲労感に襲われてしまうのです。毎回これでは大変です。

ピースは「経緯から話したい」「共感してほしい」と思って話しています。大抵は意見が欲しいわけではないので、相槌をうって聞いてあげるだけでも十分なのです。

まとめ

ただ話を聞いてほしいだけなんだな

頼んだ仕事をすぐやらない

ビジョン & ピース・フレキシブル

ロジカル & ピース・プランニング

能力がないわけじゃなくて、指示が足りない

臨機応変タイプは「急ぎ」と言われたらすぐに取り掛かり、前倒しで仕上げる性格。とりあえず早くやってみて提出し、フィードバックをもらって、修正しつつ仕上げていきます。臨機応変タイプにとって期限はあってないようなもの。頼まれたら即提出というスタンスなので、人に指示を出すときにも期限を伝えることが苦手です。

一方、計画重視タイプには「とりあえず早くやる」という思考はありません。期限内に完璧に仕上げてから提出したいと考え、スケジュールを立ててから動きます。

臨機応変タイプの上司は「頼んだ翌日には提出してくれるだろう」と考えるため、計画重視タイプの部下からの連絡がないと「仕事を進めていない」「遅い」と思ってしまいますが、期限内にきちんと仕上げるよう動いているんです。計画重視タイプに仕事を頼むときには、期限を明確にしてあげることが何より大切です。

まとめ

ちゃんと期限を伝えたほうがいい

無計画で出かける

ロジカル & ピース・プランニング

ビジョン & ピース・フレキシブル

相談しながら進むのが楽しい人

計画重視タイプは行き先を確実に決めてからでないと出発しない性格です。目的に向けて段取りを組み、自分のペースで進めるので「とりあえずお昼を食べに行こう」ではなく、「どこの店に何を食べに行く」と決めて出かけたいのです。

行き先が決まらないままでは、安心してシートに座れない計画重視タイプにとって、行き先を決めずに出発することはストレスでしかありません。「どこに連れて行かれるんだろう」と不安で落ち着かないでしょう。

反対に臨機応変タイプは、シートベルトを締め、さあ出発とハンドルを握ってから「どこに行く?」と聞いてくるタイプです。運転しながら行き先を相談して決めることも楽しいと感じるからなんですね。一度決めた行き先が変更になっても、それはそれでおもしろいと考えられるほどフレキシブルな性格なのです。

まとめ

行き先を決める過程も楽しんでいるんだ

時間と順番を決めたがる

ビジョン

明日から19時は夜ご飯の時間にしよう
ぐだぐだするのは嫌だし
別に決めなくても
お風呂の順番も決めておこうよ そのほうが効率的で楽じゃん
学校じゃないんだから
束縛じゃん……

ロジカル

明日から19時は夜ご飯の時間にしよう ぐだぐだするのは嫌だし
別に決めなくても
お風呂の順番も決めておこうよ そのほうが効率的で楽じゃん
寝るまでがスムーズで最高じゃないか

決められたほうが動ける人

時間を区切られたり、予定を決められたりすることが非常に苦手なのがビジョンです。「何時に帰る？」と聞かれただけで、「自由を奪われる」「束縛されている」と感じてしまうほど、時間や順番が確定していることに窮屈さを覚えます。

対してロジカルは、時間や順番が決められていることに安心を覚えます。効率重視なので、18時半にお風呂、19時に夕食と時間が決められているほうが、スムーズに動けていいと考えるのです。

時間や順番を決めたがるロジカルに対して、ビジョンは「強制されている」「束縛されている」と思いがちですが、ロジカルは相手を束縛したい、従わせたいと思っているわけではありません。ただそのほうが効率がよくて好き、それだけなんですね。小うるさく聞こえますが、「順番とか時間を区切りたいんだなあ」と思いましょう。

まとめ

強制じゃなくて、時間を決めて動きたいだけ

「決めて」と言われて困る

ピース

ロジカル & ビジョン

選ぶことで喜んでもらえる

ピースは、自分が一番先に決めることを苦手と感じる人たちです。職場にケーキの差し入れがあったときに「〇〇さん、一番先に選んでいいよ」と言われても困ってしまうんですね。「いいです、いいです。お先にどうぞ」と返事をして、他の人が選んでいくのを眺めてホッとしています。

とはいえ「好きなものを選んでね」と声をかけられないまま残り物を渡されればいいのかというと、そうではありません。声をかけられるくらいの存在感は保っていたい、でも目立ちたくはない、そんな絶妙なラインにいたいんですね。

そんなときには、「自分が選ぶことで相手が喜ぶ」と考えましょう。「これにしようかな」と選べば、声をかけた相手は自分の行為を受け取ってもらえたと喜んでくれるのです。

まとめ

選ぶことによって相手が喜ぶこともあるんだな

急に話しかけてくる

ロジカル
ねえ、今ちょっといい？
えっ
今忙しいんだけどな
あっちで話そう
は、はい
なんの話!? どのくらいかかるの!?

ビジョン
そうだいろいろ相談しなきゃ
ねえ、今ちょっといい？
えっ
よかった〜
あっちで話そう
は、はい

はっきり頼むことは苦手

ビジョンは「〇〇について、5分ほど話す時間をもらえますか？」という話し方をするのが苦手。用件をはっきりさせ、時間を算出した後に話しかけることは、よっぽど努力しないとできません。

ビジョンは「〇〇について話したい」「〇〇してほしい」など結論が決まって話しかけているわけではなく、相手の反応を見ながら話を詰めたいのです。

ロジカルは、何について話すか、どのくらいの時間で、とすべてを明確にしてから行動するため、相手もそのつもりで話しかけたのだろうと考えますが、それは大間違い。ビジョンは全体像が固まっていない状態で、「ちょっといい？」を会話のきっかけに使って話しかけているんですね。

つい身構えてしまいますが、話しながら一緒に結論を出していきましょう。

まとめ

まだ話す内容が固まっていないんだな

いつも予定を管理される

自分の予定を決めるために聞いている

週末が近づくと必ず「今週末の予定は？」と聞いてくるのはロジカル。するとビジョンは、束縛されているようで嫌になってしまいます。

「スケジュールを立てて無駄なく動きたい」というロジカルに対し、「予定はざっくり立てて、何かあればそのとき臨機応変に動けばいい」と考えるのがビジョンです。そのため聞かれても答えられないのに、毎週聞かれ続けるのは相当なストレス。

「そんなに予定を聞くなんて、私を管理したいの？」とビジョンは感じてしまいますが、ロジカルは決して相手を管理しようとは思っていません。

自分は必ず予定を立てるので、相手も当然予定を立てているだろうと考え、合わせられる予定は合わせるし、自分の予定を優先していいかなどを聞きたくて、たずねているだけなのです。自分の予定を立てるための参考として聞いているのですね。

まとめ

自分のプランを立てたいのね

指示した通りに動かない

ロジカル

これを参考に作ってね
はい
できました！
ん？ なんだこれ！

ビジョン

これを参考に作ってね
はい
やった任された！
できました！
工夫に気づいてくれるかな～我ながら天才！
ん？なんだこれ！

指示無視ではなく、よりよくするため

細かく指示を出したいし、出されたいのがロジカル。完璧な仕上がりを想定したところから逆算して、そこに至るまでの段取りを事細かに割り出してから動き出す性格です。ゴールに確実にたどり着くための完璧な地図が欲しいし、他人もそうであると考えるため、指示を出すときにも熟考し、完璧な地図を相手に手渡すのです。

ところが、ビジョンは大枠をつかんだら、細かな指示は参考程度に動き出します。「こうしたらもっとよくなる！」と湧き上がったアイデアを取り入れて、アレンジを加えていくのもビジョンです。

ロジカルは「なぜ言われた通りにしないのか」と思うかもしれませんが、ビジョンは指示を無視しているつもりは毛頭なく、よりよいものにしようと考えて行動しています。「よかれと思ってやっているんだな」と寛容な視点で見てあげましょう。

まとめ

きっと、自分の中でアイデアがひらめいたんだな

話を最後まで聞かない

ピース
昨日あの映画観たんだけどね
あ！私もそれ観たよ！
ラストは衝撃だったよね！
話取られちゃった

ビジョン
昨日あの映画観たんだけどね
あ！私もそれ観たよ！
ラストは衝撃だったよね！
おもしろかったな‼

話をとるつもりはなく、広げているだけ

はじめから経緯をたどって話したいピースが、「この前○○にあるケーキ屋さんに行ってね」と話し出したとき、「そこ、私も行ったことあるよ！　そのときおかしな注文をする人がいてね」と話に割り込んで話題をすり替えてしまうのはビジョン。

話題を深掘りしながら共感したいピースは、「そこのケーキは特別なチョコレートを使っているらしいよ」「今度一緒に食べに行きたいね」と、そんな会話がしたいのです。そのため、話題をさらって違う展開にしてしまうビジョンに対して「最後まで話せなかった、聞いてくれなかった」と感じてしまいます。

ただ、ビジョンは話をとってしまうつもりはありません。話題に興味を持ったからこそ話を広げ、共感の意を示しているのです。会話のキャッチボールをして話題を深めたいピースと、想像を膨らませて話を広げたいビジョンの違いなのです。

まとめ

私の話に共感したから、話を広げてくれたんだ

全部共有しようとする

ロジカル
ねえ、スケジュール共有アプリあるじゃん?
ああ、うん
予定も立てやすいと思うし、どうかな?
グイッ
う、うん いいよ
嫌すぎる…

ピース
ねえ、スケジュール共有アプリあるじゃん?
ああ、うん
予定も立てやすいと思うし、どうかな?
その日何してるのか知りたい!

大好きだからこそ共有したい

「明日は何するの？」「今週末はどうしてる？」と付き合った相手の予定が気になるのがピース。一人よりも誰かと一緒にいる時間が好きなピースは、相手の予定をすべて知りたいと純粋な気持ちでたずねます。

一方、時間は自分のものにしておきたいロジカルは、その日に何を、どんな時間配分でするのかを自分で決めたい性格です。スケジュールを共有し、予定を把握されてしまうことは、自分の時間を自分で決められなくなるようで、たまらなく嫌なのです。「空いてる？」と聞かれたら、たとえ予定がない日でも、相手のために使うかどうかを自分で決めて返事をしたいのがロジカルなんですね。

パートナーとは時間も、お金も、夢も、すべてを共有したいピースの言動は、束縛に見えることもありますが、それくらい大好きだという意思表示なのです。

まとめ

なんでも知りたいくらい大好きなんだな

断れず引き受けてしまう

実は、人一倍気を遣うタイプ

自分軸でフレキシブルに行動するビジョンは、天真爛漫、悪くいえば自分勝手な人というふうに見られがちです。言いたいことを言い、やりたいように行動しているように見えがちですが、実は人にものすごく気を遣う性格で、依頼や誘いを断ることは大の苦手です。

空気を読むことが得意で「こうしてほしいんだな」と相手の要求を察することができるため、多少無理をしてでも仕事を引き受けてしまうということがよくあります。断ったら相手がショックを受けるのではないかと気を遣って、断れないのです。

ただ、ビジョンが思っているほど、人は断られることにショックを受けません。特にロジカルは、決める権利は相手にあるから、無理なら断ってもらってまったく構わないと考えています。エイッと断ってみたら、案外平気だったことに気づきますよ。

まとめ

意外と、断っても大丈夫なんだな

話が急に飛ぶ

ロジカル
最近カレーにはまっててさ〜どっかおいしいところないかなあ
カレーね〜
そういや、あの人結婚したよね！
えっなんの話!?
カレーは!?

ビジョン
最近カレーにはまっててさ〜どっかおいしいところないかなあ
カレーね〜
カレーといえば、あのCMだよね
あのアイドル好きだったな〜
あれこの前、結婚したんだっけ
そういや、あの人結婚したよね！
えっなんの話!?

話を聞いていないわけじゃない

「俳優の反町隆史って知ってる？」と話題が出たとき、ロジカルは「反町」と漢字を思い浮かべて、反町隆史がなんなのか、話者がその先を話し出すのを待っています。ところがビジョンは「反町隆史」と聞いた途端に「『相棒』に出てたよね」「あっ、奥さんは松嶋菜々子だよね」「松嶋菜々子が最近出てるドラマなんだっけ」と、思考は一気に脳内をかけ巡り「そういえば松嶋菜々子ってさ……」と話者より先に話し出すので、反町隆史の話を待っていたロジカルは急に話が飛んだことにびっくり。

ビジョンはひとつの話を聞くと、次々とイメージを連想させます。相手の話はちゃんと聞いているのですが、連想させたイメージの地点から話を始めてしまうので、「いきなり、なんの話？」と周囲をびっくりさせてしまうのです。本人の中では一連の流れがあるため、話が飛んだという自覚はまったくありません。

まとめ

脳内でいろんなことを連想したんだな

誰かと比べてくる

ピース

ロジカル

競争相手がいると頑張れると思っている

ピースは人と比べられることが大嫌いな性格です。たとえばピースの子が、テストで80点をとったときに「お兄ちゃんは90点とれていたよ」と声をかけるのは、やる気を完全にそいでしまうNG行為。こうした比較する言葉をかけてしまうのはロジカルに多く見られます。これは、ロジカルはライバルがいるほうが燃えるタイプだからなんですね。「お兄ちゃんは……」と言われたときには「だったら自分はもっと上を目指してやる！」と燃えるのがロジカルなのです。

ロジカルは、「もっとやる気を起こさせてあげよう」とあえて誰かと比較して話すのですが、ピースには逆効果。「〇〇はこうだった」と比較されるごとに自分を否定されているように感じ、自己肯定感は下がるばかりです。ただロジカルに悪気はなく、励まそうとしているだけなので、否定の意味はないと思うようにしましょう。

まとめ

もっとやる気にさせようと思って、比べているんだ

Chapter

4

傷つけられるとき

会いに来たのに帰される

ビジョン

会いに来ちゃった！
喜ぶだろうなあ～
えっ
ごめん、今日はダメなんだ
えっ
ひどい！私のこと好きじゃないの⁉

ロジカル

会いに来ちゃった！
えっ
ガチャ
うそでしょ 約束してないよね？
ごめん
今日はダメなんだ
今度埋め合わせしなきゃな

アポなし訪問はとても困る人

きっと喜ぶだろうと会いに来たのに「何しに来たの？」「予定があるから今日はダメ」なんて言われたら、ビジョンは「私たちの関係はもう終わりだ」と絶望するでしょう。

ロジカルは自分の予定、自分のペースを乱されることを特に嫌います。予定通りに動きたいロジカルにとって、突然の訪問は予定外すぎて、どうにも困ってしまうのです。でも、相手のことが嫌いなわけではありません。あなたの存在が困るのではなく、今日は無理なだけなんです。ちゃんと予定を立てて約束すれば、大好きなあなたと会いたいと思っています。ロジカルにはアポどりが大切なんですね。

また、ロジカルは一度好きになったら、愛情を一定に保つ一途な性格です。ロジカルにとって会う回数や時間の多さは、愛情をはかる指数ではないのです。

まとめ

愛情がないわけじゃないんだな

なぐさめてほしいのに冷たい

ピース

ロジカル

ものすごく真剣に話を聞いていた

とある塾のロジカル先生がピース親の相談を受けたところ、後で「冷たい先生」の烙印を押されてしまったそう。先生としては、お母さんの話をよく聞き、どうしたら子どもの成績が伸びるのかを的確に伝えたはずなのに。予想外の反応です。

ピースが相談するときには、「共感してほしい」という思いが一番強くあります。ピース親は「お子さんのことを思っているんですね」という共感の言葉が欲しかったのです。ところがロジカルは、相談を受けた際には具体的なアドバイスが一番大切だと考えるため、相手の話を黙って真剣に最後まで聞き、明確な解決法を伝えようとします。それがピースには「反応が薄くて冷たい」「正論ばかりで責められているみたい」と受け取られてしまうのです。ロジカルの反応がないのは、聞くことに全集中しているから。正論を言うのは、真剣に対処法を考えているからなんですね。

まとめ

一生懸命聞いて、考えてくれているんだな

いつも適当にほめてくる

ロジカル

ビジョン

最大限にほめているつもり

ビジョンにとって「すごい！」は最大のほめ言葉です。ところが、ロジカルは「すごい」「さすが」「えらい」などの言葉を言われたとき、ほめられていると受け取ることができません。むしろ、「テキトーな言葉でほめたふうにしている」「ちゃんと見てくれない、いいかげんな人だ」とまったく逆の解釈をします。

ある親子の相談にのったとき、18歳のお子さんが「私は親からほめられたことが一度もありません」と言って、ビジョンのお母さんはショックを受けるということがありました。お母さんからすると「すごいね！」「えらいね！」とものすごくほめて育ててきたと思っていたのです。たくさんほめたと思っていた母、18年間ほめられたことがないと思って育ってしまった子ども。性格タイプが違うだけで、ここまで言葉の受け取り方が変わり、すれ違ってしまうものなのです。

まとめ

具体的にほめるのが苦手なんだ

ありがとうの一言がない

精一杯の感謝を伝えているつもり

ピースの元気の源は「ありがとう」と言われること。「ありがとう」がない生活では、だんだん元気がなくなってきてしまうほどです。

たとえばピースがロジカルにお土産を渡したとき、ロジカルは「気を遣わせて申し訳ない」という気持ちで「すみません」と言うことがよくあります。ロジカルは「ありがとう」は大前提として、そのうえで気を遣わせてしまって「すみません」と精一杯の思いを伝えているのですが、「ありがとう」を求めるピースにその思いは伝わらないのですね。「謝られたいわけじゃないのに……」とがっかりしてしまいます。

ロジカルとビジョンには、「ありがとう」がピースにとってそこまで重要だという認識がないだけで、ちゃんと感謝はしているんです。ロジカルやビジョンの「すみません」は「ありがとう」の意味で使っているんだと変換して受け取りましょう。

まとめ

「すみません」も「ありがとう」なんだ

感情で動いてくれない

ビジョン

ロジカル

感情的に話されるのが苦手

ビジョンは自分の想いを感情的に伝えれば、相手にきっと届くと思っています。ところが、ロジカルは感情的になった相手の対応が苦手です。ビジョンが感情的に接するほど、ロジカルは冷めてしまうのです。ビジョンは「こんなに思いを伝えているのに冷たい反応をするなんてひどい!」と思いがちですが、ロジカルに悪意があるわけではありません。ロジカルには感情で訴えかけても、一切伝わらないと思ったほうがいいでしょう。

ロジカルの子どもに「なんでわからないの!」と目を見つめて半泣きで注意しているのに、にらみ返してくるだけで伝わっている感じがしないというお母さんも多いものです。たとえ子どもであっても、ロジカルには、冷静に言葉で伝えることが大切なのです。

まとめ

感情で訴えるのは逆効果なんだ

返事がいつもそっけない

ピース
昨日はありがとうございました！
私も早く皆さんのお力になれる
よう頑張りたいです。
本日の研修も
よろしくお願いいたします！
送信
よし、送信っと
Re：昨日はありがとうござ
ピロン
了解です。
本日は 14 時から
会議室で。よろしく。
え、なんか怒ってる!?

ロジカル
わざわざ連絡するなんて、えらいねえ
ピロン
リマインドしておくか
楽しみだなあ
カチャカチャ
ニコッ

キャッチボールより用件が伝わることが大事

ロジカルが人に話すときやメールするときに一番大切にしているのは、用件がきちんと伝わることです。日時、場所、誰とどうするなど、詳細が明確に伝えられることをよしとするため、余計な言葉は必要ないと考えます。ロジカルからのメッセージに絵文字が少ないのは、絵文字は余計な情報だと考えているからなんですね。「お返事ありがとうございます。この前は楽しかったです」というメール冒頭のちょっとした挨拶でさえ、用件を邪魔するものだと思う人も多いようです。

対してピースは、会話のキャッチボールを大切にします。そのため返事が「はい」の一言だけだったり、メッセージがそっけなかったりすると、「怒ってる？」「冷たい」「怖い」という印象を持ってしまいますが、ロジカルは一ミリも怒っていません。必要な言葉だけのほうが、相手にちゃんと伝わると思っているだけなのです。

まとめ

怒ってるわけじゃなくて、ちゃんと用件を伝えたかったんだ

先約より別の予定を優先する

ロジカル ＆ ピース・プランニング

ビジョン ＆ ピース・フレキシブル

先約が最優先とは限らない

ロジカルは一度決めたスケジュールを容易に変更することはありません。友達と会う約束をしたら、たまにしか会えない彼氏が「急に会えることになった」と連絡してきたとしても、「○○ちゃんと約束しているから会えない」と先約を優先します。これはロジカルに限らずピース・プランニングも同じ感覚。つまり計画重視タイプにとっては、先約優先が当たり前なのです。

対して、ビジョンやピース・フレキシブル（臨機応変タイプ）は、めったに会えない人が「会える？」と言ってきたら、スケジュールを変更してどうにか会えるように調整しようとするでしょう。先約をないがしろにしているわけではありません。計画重視タイプの人よりは先約優先度が低いということだけです。計画重視タイプと臨機応変タイプでは「先約を絶対にずらさない」という感覚が違うんですね。

まとめ

ないがしろにされたわけじゃないんだ

人前でほめてくる

ピース

ビジョン

自分は目立ったほうが嬉しいから

ピースは目立つことをできるだけ避けたいと思っています。たとえ表彰など功績をほめられる機会であっても、大勢の前で注目されるのは、居心地が悪くて仕方がありません。一方、目立つのもほめられるのも大好きなビジョンからすると、みんなの前でほめられるなんて、これ以上ないほどの喜びです。

ですから、ビジョンがよかれと思ってみんなの前でほめても、ピースにとっては嬉しくもなんともなく、むしろいたたまれない気持ちにさせているという、悲しいすれ違いが起こってしまうのです。

1対1の場面で「あのときは助かったよ、ありがとう」と言ってくれれば、モチベーションが上がるピースですが、ビジョンはビジョンなりに精一杯の労いをしてくれているのです。

まとめ

人前でほめることが最大級の労いなんだな

後回しにされる

ビジョン

ロジカル

本当に後で聞いてくれようとしている

ロジカルは自分のペースを大事にする性格。立てた予定を自分のペースで進めたいので、「ねえねえ」と突然話しかけられることは少しストレスに感じます。スケジュールの遂行が優先なので、つい後回しにしがちです。

今話したいビジョンは「後でね」と言われると、自分が大事にされていないと感じてがっかりします。ただ、ロジカルが「後で」と言うのは、相手を大事に思っていないからではありません。とにかくスケジュール通りに動きたい、たったそれだけなんです。そして「後でね」と言ったら「さっきの話はなんだったの？」と忘れずに聞いてきてくれます。約束は守るためにあるという、律儀で誠実な人なんですね。

ただし、ビジョンはそのときのテンションで話したいので、後になって聞き直してもらっても、テンションごとすっかり忘れてしまうということがよくあります。

まとめ

今は他にやりたいことがあるんだな

「冷たい」と言われる

ロジカル
君って冷たいよね
えっ!?
連絡も少ないし、好きじゃないの？
そんなことないよ！
好きなのに！

ピース
君って冷たいよね
えっ!?
連絡も少ないし、好きじゃないの？
好きなら連絡するし、もっと会うよね

言葉や行動にしないと伝わらない人もいる

ピースの彼氏から「好きだよ」と言われたとき、ロジカルの彼女は「うん。ありがとう」と返事をして終了。愛情の確認がしたい彼氏は「私も好きだよ」の返事を待っているのに、彼女はその言葉をなかなか返してくれません。すると「冷たい」と思われてしまうのですが、彼女の愛情が冷めたわけではありません。

言葉や行動で何度も愛情を確かめたいピースに対して、ロジカルの愛情は付き合った瞬間から一定に保たれるので、言葉で確かめる必要がないと思っているのです。「好きだから付き合っているのに、何度も好きだと言い合うなんて恥ずかしい」、これがロジカルの本音です。好きという言葉の数や、会う頻度で愛情をはかることは一切なし。愛はいつでも一定に保たれる一途な人なのです。一方ピースは一緒にいることが大切なタイプ。「会ってくれない」＝「好きじゃない」と感じてしまうのですね。

まとめ

気持ちを確かめたいだけなんだ

せっかくしたことを無駄だと言う

ピース

資料ありがとう
イラストもつけて
くれたんだね
少しさみしいな
と思ったので！
喜んでくれるかな！
次からは
ここまでしなくて
大丈夫だよ
は、はい
すみません…
無駄ってことだよね

ロジカル

資料ありがとう
イラストもつけて
くれたんだね
だから
最近帰りが
遅かったのか
少しさみしいな
と思ったので！
毎回これじゃあ
大変だよな
次からはここ
までしなくて
大丈夫だよ
は、はい
すみません…

否定ではなく、気遣っているだけ

ピースは「ありがとう」と言ってもらうことが何よりの原動力。「人に喜ばれたい」という思いがすべての行動のモチベーションとなります。

仕事の指示があったときに、それ以上のことをして喜ばれたいと工夫するのもピースです。反対にロジカルは指示通りにこなす人たちで、指示以外のことはしてはいけないものだととらえています。基本的に余計なことはしないのがロジカルなんですね。

たとえばロジカルがピースに仕事を頼んだとき、ピースはよかれと思って指示以上のことをします。「ありがとう」を期待しているピースに、ロジカルからは「そこまでしなくていいよ」の一言。「好意を受け取ってもらえなかった」と感じたピースは大打撃を受けてしまうのです。ただロジカルは「無駄なことをした」と非難しているわけではなく、「そんなに気を遣わなくていいよ」と心配しているだけなのです。

まとめ

気遣ってくれているんだな

急かしたらすごく怒る

ロジカル
もう起きる時間だよね？大丈夫なの!?
んー
え！まだ3分あるじゃん！起こさないでよ！
せっかく起こしたのに！

ロジカル
もう起きる時間だよね？大丈夫なの!?
んー
やばいもうそんな時間……
え！まだ3分あるじゃん！起こさないでよ！
目覚ましの前に起こさないでよ！
せっかく起こしたのに！

時間ぴったりに動きたい

ロジカルは自分で決めて、時間通りに動くことをものすごく大事にしています。たとえばロジカルの子は18時に宿題をすると決めたら、17時59分に「宿題やる時間じゃない？」と声をかけられるのも嫌がります。18時じゃないからなんですね。親は忘れているのではと疑って、つい「18時になるよ」と言ってしまいますが、忘れているのではなく決めた時間通りに動こうとしているのです。そして、自分のペースを崩したくないので、つい相手のことも「早く！　早く！」と急かしてしまうのもロジカル。自分の決めた時間通りに相手を動かそうとしてしまうのです。

ロジカル同士なら性質が同じだから摩擦が生じないように思われますが、どちらも自分が決めた通りに動きたいのと、ペースを崩さないため、ぶつかることも多くなります。

まとめ

自分のペースで動きたいんだな

丁寧に教えたのに嫌な顔

ロジカル

ビジョン

任せたほうが力を発揮する

細かく指示するほうがいいと考えるロジカルと、大枠さえわかれば細かなことは言わずに任せてほしいビジョン。ロジカルがよかれと思って1から10まで教えてあげても、自由にさせてほしいビジョンにとっては煩わしくて仕方ありません。

まずはやってみようと取り組んで、やりながらわかっていくのがビジョンのスタイルです。やってみてもいないうちにすべての手順を説明されても、イメージが湧かないため、頭に入ってこないのです。そんなビジョンの様子が、ロジカルには「聞いていない」「覚える気がない」と映ることがあるんですね。

ただ、ビジョンは仕事へのやる気はものすごくあります。そのやる気を発揮させるには、大きなゴールを伝えて、あとは自由にさせることです。「わからないときには聞いてね」と伝え、あとは任せると、驚くほどの働きをしてくれます。

まとめ

わからないときに教えたらいいいんだな

悪口や言い争いが聞こえる

ピース

ビジョン

「なんとかしなきゃ」とは思わなくていい

ピースはとにかく平穏を好みます。誰かのケンカに遭遇することも、悪口が聞こえることも苦手です。隣の部署の課長が部下を叱っているのを聞いて、自分が怒られているわけではないとわかっていても、つらくなって会社を辞める人もいるほどです。

相手軸で、相手の立場を考えるあまり、自分事のようにダメージを受けてしまうんですね。だからこそ、人間関係が悪い環境には耐えられません。ただ、ひどいケンカに見えることも、当人同士にとってはコミュニケーションのひとつだったり、悪口もちょっとした愚痴であったりすることも多いものです。「自分がなんとかしなきゃ」とは思わず、そっとその場を離れるのがいいでしょう。

また、ピースの苦手な大きな声や物音も、そこに必ず感情が込められているわけではないので、必要以上に怖がる必要はありません。

まとめ

深刻な事態にはならないから、遠ざかっていよう

細かいところをダメ出しされる

ビジョン

ロジカル

完成形として受け取るからこその指摘

ビジョンは何かを提出する際、まずはざっくりとした段階で出して、大きな方向性が合っているか確認した後、微調整に入るというスタイルをとります。

一方、ロジカルは完璧な状態にして出したい人たちなので、相手が提出してきたものは完璧に出来上がっているという前提で受け取ります。出来上がっているものだと思って見ているため、「誤字がある」といきなり細かな指摘をしてくるのです。

ビジョンは全体の方向性が合っているかどうかが気になるのに、ロジカルはそこには言及せず、細かな指摘ばかり。ビジョンからすると全否定されているように感じてしまうのですね。「この方向性でいいよ」の一言があれば、ビジョンは安心し、その後、細かいところを直していきます。でもロジカルは完成形として受け取っているので、全体は問題ない前提で、細かなところから見てしまうのです。

まとめ

全体を否定しているわけではないんだな

外見だけで判断してくる

ロジカル

あなたって仕事もできるし、美人だからどこでもやっていけるよ
そうかな
顔だけで仕事してるって言いたいの!?
いいな〜本当にうらやましい!
人の努力も知らないで!

ビジョン

あなたって仕事もできるし、美人だからどこでもやっていけるよ
外見も中身もいいなんて!
そうかな
いいな〜本当にうらやましい!
自慢の同期だよ〜
ユサユサ

外見もその人の大切な要素と考える

ビジネスの場でロジカル女性に「綺麗だね」は禁句。「綺麗、かわいいと言われて喜ばない女性なんているの？」と思うかもしれませんが、ロジカルは喜ぶどころか、それまでの信頼が一気に冷めるほど嫌悪感を抱くのです。仕事においては「実力を見てほしい」「外見では判断されたくない」と考えるのがロジカルなのです。

中身が大切なロジカルとは反対に、ビジョンは外見もその人のうちと考えるので、「綺麗」と言われると、中身にプラスして外見もほめられて嬉しいと喜びます。

またビジョンは「運も実力のうち」と考えますが、「運がいいね」「持ってるね」は、ロジカルにはNG。頑張ったから今があるのに「たまたま運がよかっただけだよね」と皮肉を言われているように受け止めてしまいます。実力を重視するロジカルだからこそ、正当に判断されたいんですね。

まとめ

中身も見たうえで、プラス外見をほめているんだ

壁を作られてさみしい

ピース
ぼくの幼なじみの〇〇って人がいて、いつもそいつの家で遊んでたんだ
きみにも幼なじみがいるんだっけ?
うん、一人いるよ～ それより、仕事はどう?
それだけ!? まだ心を開いてくれないの?

ロジカル
ぼくの幼なじみの〇〇って人がいて、いつもそいつの家で遊んでたんだ
きみにも幼なじみがいるんだっけ?
名前まで教えてくれるんだ
うん、一人いるよ～
でも大したエピソードはないな
それより、仕事はどう?

話す必要がないと思っているだけ

「好きな人には自分のことを知ってほしいし、相手のことも知りたい」そう思って子どもの頃のことや、これまで付き合った人の話まで一生懸命伝えるのがピース。対してロジカルは、自分の過去も相手の過去も、話す必要性をあまり感じません。

そのため、ピースが「学生のときの親友は○○といってね」と一生懸命ロジカルに話しかけても「そうなんだ」とそっけない一言が返ってきて終わり、ということがよくあります。ピースは「え？　私のこと知りたくないの？」「ぼくに興味ないの？」とショックを受けたり、自分のことを話さないロジカルとの間に壁を感じたりすることがあるかもしれません。

でもロジカルは、ちゃんと相手のことが好きなんです。興味はあるんです。ただ、「過去は過去で、自分の昔話はする必要がない」、そんなふうに考えるのです。

まとめ

自分の話をするのが苦手なんだ

ないがしろにされる

ピース

ワイワイ
来た来た！
適当に座って〜
ガヤガヤ
う、うん
私、
来た意味あるのかな

ロジカル & ビジョン

来た来た！
適当に座って〜
来てくれて
よかった！
ガヤガヤ
う、うん
みんな集まって
くれて嬉しい！
ワイワイ

「ありがとう」が出てこないだけ

ピースは「相手が喜ぶ顔を見たい」「役に立ちたい」という思いが強い人たちです。自分が目立ちたい気持ちは低く、相手に合わせることをいといません。ただし、目立ちたくないけれど、自分の存在感をしっかり感じたいのもピースの特性。ここでも大切なのは「ありがとう」という言葉です。

たとえばちょっと無理をして、誘われたイベントに顔を出したときに「席とっておいたよ」「寒かったでしょ」と心配りの言葉をかけられても、ピースはモヤモヤした気持ちになります。それどころか、「私はいてもいなくても変わらない」「せっかく来たのに、ないがしろにされている」と感じることも。「今日は来てくれてありがとう」この一言が必要なんですね。ただロジカルやビジョンは、ピースほど「ありがとう」に価値を置いていないため、違う言葉で気持ちを伝えてしまうのです。

まとめ

来てくれたことは喜んでくれたんだな

Chapter

5

理解できないとき

理由を聞いただけで怒る

ピース

ビジョン

「なんで？」は責められていると感じる

「なんで？」と聞かれると、否定されたと感じるのがビジョンです。「なんで、そうしたの？」と聞かれると「しまった。何かやっちゃったんだ」と考え、「なんで、その服にしたの？」と聞かれたら「なんか変なのかな」と考えてしまいます。ビジョンにとって「なんで？」は否定語なんですね。

対して「なんで？」を単純に疑問詞として使うのがピース。行動の理由やそこに至る背景を重視するピースは「なんで？」と理由をたずねがちです。

ピースはただ理由が知りたくて「なんで、そうしたの？」と聞いただけなのに、「してはダメ！」と否定されたと受け取ったビジョンががっかりしたり、怒り出したりすることがあるんですね。理由を知りたい気持ちもわかりますが、否定ととらえる人もいることを覚えておきましょう。

まとめ

否定に聞こえたから、怒っちゃったんだな

リアクションが薄くてなえる

急なサプライズが苦手

ビジョンはリアクションが命。大きなリアクションをもらえることが一番の喜びです。「どんな反応をするだろう」とリアクションを期待して行動します。

しかし、そのリアクションが最も苦手なのはロジカルです。たとえばビジョン×ロジカルのカップルの場合、クリスマスにビジョンがサンタの恰好で「サプライズ！」とやってきても、ロジカルは真顔で「どうしたの？」という塩対応をします。「驚いて喜んでくれるだろう」と期待値ＭＡＸのビジョンは、崖から突き落とされたような心地になりますが、ロジカルも喜んでいないわけではないんです。予期せぬことにとっさに対応することが苦手なので、サプライズをされると固まってしまうのです。

ただ、無反応のように見えて、ちょっと口元が笑う、顔が赤くなるなど細かな表情の変化で喜びを表しています。その小さな反応を見逃さないようにしましょう。

まとめ

リアクション薄めでも、喜んでいないわけじゃない

用件を先に言わない

ロジカル
明日、暇？
ピピピ
明日空いてるけど、なんの誘いだろう？
2人なのかな
他にもいるのかな
どこで
何するんだろう

ビジョン
明日のＢＢＱ
楽しみだな！
あ、あいつも
誘ってみよ
とりあえず
予定を聞こう
来れるといいな〜

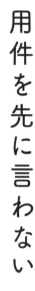

先に予定を確認しているだけ

「この日空いてる？」という誘い方をしてしまうのはビジョン、その誘われ方に身構えてしまうのがロジカルです。

ロジカルは目的をはっきりさせ、段取りを立てて着実に物事を進めたい性格なので、目的がわからない誘いは不安でしかありません。思わず「用件は？」と聞き返してしまうのも不安だからで、相手を拒否しているわけではありません。ロジカルが人を誘うときには、「来週こういうことがあって、この人たちが来るんだけど、空いてる？」と内容を明確にしたうえで、スケジュール確認という流れをとります。

対して「空いてる？」と用件より先にスケジュールを確認しようとするのがビジョンです。すでに予定があったら悪いから、「とりあえず先に予定を確認しよう」というビジョンの遠慮が、こうした話の持っていき方となるのです。

まとめ

相手の予定から確認するんだな

相談してほしいのにしてくれない

自分でなんとかしようとしていたから

ロジカルは自分の結論が出るまで、一人で考え続けます。自分の枠の中で悩み、それでも「無理だ」となって、初めて人に相談するのです。一方、人に話しながら解決の糸口を探し、結論を見出すのがビジョンです。

悩みをオープンにするビジョンは、上司からすると何を考えているかわかりやすく助けやすい存在です。しかし、一人で抱え込むロジカルは何を考えているのかが見えにくいため、上司はハラハラすることがあります。ギリギリまで一人で抱え込むため、相談してきたときには「今、それを言う?」「もっと早く言ってくれたら……」という事態になってしまうこともあるんですね。

ロジカルは決して意固地になっているわけではありません。責任感が強いため、人に頼る前にできるところまでやってみようと、一人試行錯誤しているのです。

まとめ

一人で頑張っていたんだな

ギリギリに動き出す

ロジカル & ピース・プランニング

ビジョン & ピース・フレキシブル

ギリギリでもなんとか間に合う

時間ギリギリに動くのは、ビジョンとピース・フレキシブルの臨機応変タイプあるあるです。対して、8時に家を出ると決めたら、7時半から身支度の仕上げに向かって動くのが計画重視タイプ（ロジカル、ピース・プランニング）。

一方、臨機応変タイプは、7時半になってもまだテレビを観ている、なんならパジャマのまま。計画重視タイプからするとハラハラして仕方がない状態です。しかし臨機応変タイプは、動き出すのはギリギリでも、最後はきちんと間に合わせるという特徴があります。7時45分から動き出して8時10分のバスにはギリギリ間に合うなど、最後は帳尻を合わせてくるタイプなのです。

その様子を見ていると、意外に間に合っていることがわかります。ついイライラして注意してしまう人は、一度様子を見届けてみましょう。

まとめ

ギリギリだけど、帳尻が合うならいいいか

話し合いたいのに黙る

ビジョン

ねぇ結婚のこと
ちゃんと考えてる？
…………
したくないってこと？
あっ….
もういい！

ピース

ねぇ結婚のこと
ちゃんと考えてる？
そろそろだよね
まずは挨拶かな
来月とかどうだろう
もういい！
あっ……
話そうと思ったのに！

話のテンポが違うだけ

ピースの人は話し出すのに時間がかかります。「どこの高校に行きたいの？」とビジョンの母がピースの子どもにたずねると、いつまでたっても返事がありません。反応が欲しいビジョン母からすると「あれ？　聞こえてなかったのかな」「それとも無視？」と悶々としますが、やっぱり黙ったままの息子。「もういいや」と思い始めた矢先に「〇〇高校がいいと思ってる」とやっと一言が返ってくるのです。

ビジョンにとっては「え？　今!?」とズッコケてしまうようなタイミングなのですが、これがピースのペースです。聞いていないわけでも、無視しているわけでもありません。ピースは「黙ってしまった」と思われることがありますが、ずっと考えているのです。「聞かれたことを考えていたのに、返事を待ってもらえず次の話題へ展開してしまった……」と、さみしい気持ちになっていることも多いのがピースです。

まとめ

黙っているけれど、考えているんだ

注意してもまったく聞かない

「しないほうがいい」は「してもしなくてもいい」

こんなシーンがビジョン（母）×ロジカル（子）にはよく繰り広げられます。「この子のことがわからない」と心配になるお母さんも多いのですが、これはビジョンとロジカルの言葉の受け取り方が違うからなんですね。

「食べないほうがいい」はビジョンにとっては「食べちゃダメ」という否定の言葉です。しかし、ロジカルは言葉を細かく分析して理解する性格のため、「食べないほうがいい」は「食べてもいいし、食べなくてもいい（でも、母は食べないほうがいいと思っている）」と、受け取ります。「食べてもいい」が選択肢に入っているため、食べるという行動に出たわけです。「食べないで」と言ったのに食べ始める子どもに、ショックと驚きを隠せないビジョン母ですが、性格によって言葉の理解の仕方がこんなに違うんだなと思えたら、ちょっとおもしろくも思えてきますよね。

まとめ

言葉をフラットに理解するんだな

共感してほしいだけなのに

ピース
最近残業が多くて…
先輩には
頼みづらいし
はぁ
それ上司にちゃんと
話して仕事を割り
振ってもらいなよ
大変だねくらい
言えないの？

ロジカル
最近残業が多くて…
先輩には
頼みづらいし
はぁ
それ上司にちゃんと
話して仕事を割り
振ってもらいなよ
これできっと
彼女を救える！

よかれと思って、頑張って考えたアドバイス

人に相談するときの心理は、性格タイプによって異なります。ロジカルは基本的に自分で解決したいため、まずは一人で考えぬいて、それでも解決方法が思いつかないときに相談します。ですから相談相手には、具体的な解決方法を求めます。

対してピースは相談相手に共感を求めています。実は答えは自分の中で決まっているのですが、迷いや思いに共感してもらう時間を持ちたいのです。さらに、その共感は1回ではなく、「そうなんだね」「大変だったね」「そんな気持ちになったんだ」「それでそうするの?」「それがいいね」などと5回のキャッチボールが繰り返されてやっと満足します。ピースが会話自体に価値を見出すタイプだからです。

ロジカルはよかれと思って解決法を教えてしまうのですが、答えを言われて終わりにされたピースは不完全燃焼。共感してもらえなかったモヤモヤが残ります。

まとめ

答えが欲しい人だから、アドバイスしたんだ

いいものをあげても喜ばない

リクエスト通りのものが欲しい

自分の決めたものを確実に欲しいのがロジカル。たとえば赤いバッグが欲しいところ、色違いのオレンジのバッグをもらっても、まったく嬉しくないんですね。

ところがビジョンは「このゴールドのアクセサリーが欲しい」と聞いていても、「もっと喜ばせたい」と思って、店員さんのおすすめのプラチナのアクセサリーを買ってきたり、「こっちのデザインのほうが素敵だな」と、違う形のものを買ってきたりします。喜ぶ顔を想像して買っていくのですが、ロジカルは自分が欲しいものを伝えていたのに、違うものがきてびっくりするわけです。

「あなたを思って買ってきたのに」とがっかりするビジョン。「なんで違うものを買ってきたの」とがっかりするロジカル。互いに自分軸なので、自分の思いに沿わないことが起こると、相手の気持ちより自分の気持ちを優先してしまうのです。

まとめ

リクエストしたものが欲しかったんだ

筋が通らないまま進める

ピース・プランニング

このゼリー、介護食でも活用できるかも！
え!?
そのほうが需要ありそう！
20代女性のために作ったのに!?

ロジカル & ビジョン

おーー
このゼリー、介護食でも活用できるかも！
そのほうが需要ありそう！
これは売れるぞ！

コンセプトが最重要とは限らない

筋が通っていないことを許せないのがピース・プランニング。

たとえば、子どもの能力開発を目的に知育玩具開発に取り組んでいたところ、認知症にも効果があるとわかり、コンセプトが市場の大きな認知症予防商品に変更になった。そんな事態をピース・プランニングは許容することができません。

ピース・プランニングはコンセプトありき。「誰のために」「なんのために」を特に大切にします。もしコンセプトが変わると、なんのためにしているのかが見えなくなり、動けなくなってしまうのです。

対して、「売れる」という結果を重視するロジカルとビジョンは、対象が子どもからお年寄りに変更になっても、それほど気になりません。ピース・プランニングにとっては信じられませんが、筋が通っていなくても動ける人は意外と多いのです。

まとめ

筋が通っていなくても動けるんだ

やる前から「無理」という

ビジョン

この案件、きみに任せていいかな？
いや、今の私にはできません
やってみなきゃわからないでしょ！
やる気ないの!?
とても手がまわりません、無理です

ロジカル

この案件、きみに任せていいかな？
いや、今の私にはできません
すでに手いっぱいだからな
やってみなきゃわからないでしょ！
やってみなくてもわかるよ
とても手がまわりません、無理です

「できる」と確信して引き受けたい

何事も「やってみなければわからない」と考えるのはビジョンです。手をつける前からシミュレーションするのは苦手で、実際にやってみて初めて具体的なイメージが湧いてくるため、「とりあえずやってみよう」と動き出します。そんなビジョンからすると、やってもみないうちに「自分には無理だと思う」と言ってくるロジカルは、やる気がないヤツに映ってしまいます。

ロジカルは事前に細かくシミュレーションをします。任されたことは責任を持ってやりたいと考えるので、本当に自分にできるのか、さまざまな角度でシミュレーションして判断するのです。ですから、ロジカルが「できません」というのはやる気がないのではなく、今の自分では力不足だと冷静に判断した結果なんですね。安易に引き受けることをしないのは、ロジカルの責任感の強さでもあるのです。

まとめ

「できる」と思えないから、引き受けないいんだ

手作りのものをプレゼントされる

手作りが一番思いを込められるから

ピースは、贈り物に思いを込めることを人一倍大切にします。手作りのものを用意したり、手紙をしたためたり。心がこもりすぎてメールもつい長くなりがち。

一方ロジカルは手作りのものが苦手です。無駄が嫌いなので、プレゼントには「使えるもの」が欲しいんですね。思いがどれだけ込められていても、自分の好みでないものをもらうと、困ってしまいます。「いらないなあ……」とさえ思うほど。

この違いがはっきり出るのが、クリスマスの楽しみ方。ピースは一緒に飾りつけしたり、一緒に料理を作ったり、もちろん当日一緒に祝うことが何より大切。思いを共有したいからなんですね。そしてロジカルは、プレゼントが一番の楽しみ。当日恋人と過ごせなくても、欲しいものが届いていればOKです。一方ビジョンは、ワイワイした雰囲気が大好き。パーティーでワクワクした時間を過ごせたら満足です。

まとめ

心がこもっていることが大切なんだな

予定を変えただけで怒る

ビジョン
今日はハンバーグにしました！
え!? カレーって言ったじゃん！
そんな子どもじゃないんだから
カレー……

ロジカル
今日はハンバーグにしました！
え!? カレーって言ったじゃん！
もうカレーの口になってるのに！
そんな子どもじゃないんだから
カレー……
お昼もヘルシーにしたのにな……

予定が変わるショックが大きい

「今日の夕飯はカレーにするね」と言われていたのに、夕飯時になったらハンバーグに変更されていた。そんなとき「え！　カレーって言ったじゃん」とむくれてしまうのがロジカル。「メニューを変えただけで、そんなに文句言うことないでしょ」と腹立たしく思うのはビジョンです。予定は変更ありきのものだと考えるビジョンと、きちんと予定通りに遂行したいロジカルだからこそのすれ違いです。

ロジカルは夕飯がカレーとわかったら、カレーというゴールに向かって1日の段取りを組みます。昼ご飯にはカレーを選ばないし、カレー味のお菓子をすすめられても断ります。そこまでしたのに「いざ、カレー！」というときになってハンバーグだったら、今日1日の努力がすべて台無しになったと感じます。カレーのために1日過ごしたのに、最後に梯子をはずされ、とてもがっかりしているのです。

まとめ

すごく楽しみにしてくれていたんだ

●おわりに●

「受け止め方」の効果を感じていただけましたか？

アメリカの臨床心理学者、アルバート・エリス博士が提唱した「論理療法」では、「人が感じる心理的な問題は、『何が起きたか』ではなく、『それをどのように解釈したか』によって起こりうるものである」としています。

これは、私たちが日常で直面するさまざまな対人関係の悩みや誤解は、実は「相手が何を言ったか」よりも、それを「自分がどのように受け取るか」という「受け止め方」に大きく左右されることを表しています。

しかしこれまで、どのようにしてこの「受け止め方」を変えていくのか、その具体的な手段は示されてきませんでした。

そこで、人の性格を4タイプに分ける「性格統計学」をもとにして、「受け止め方」の具体的な方法をまとめたのがこの本です。

この本では、性格の違いによって起こるコミュニケーションギャップの具体例をあげ、「相手の真意」と「自分の受け止め方」について、ポジティブに受け取るための考え方と対処法を紹介してきました。

この本が、より良い人間関係を築く一助となることを心から願っています。

本の中では簡易的な性格診断方法を紹介していますが、私が開発した「伝え方ラボ」というアプリでは、さらに精度の高い診断をすることができます。その診断をもとに、相手に合った「受け止め方」「伝え方」「かかわり方」がわかります。

このアプリはこれまで職場や家庭で活用され、コミュニケーションギャップによるストレスの改善や自己肯定感の向上において役立ってきました。2023年現在、その効果を科学的に評価するために、指導者のもとで科学的研究を開始しています。近い将来、その研究成果をご報告できる予定です。

人が抱える悩みのほとんどが対人関係によるものといわれる世界で、あなたがもっと心を楽に、明るい日々を過ごせるよう願っています。

いなばまゆみ
稲場真由美

富山県生まれ。株式会社ジェイ・バン代表取締役。
自身が人間関係の悩みに直面したことから、新しいコミュニケーションメソッドを探求し、16年間、人の言動に関するデータを集め続け、「性格統計学」として体系化。以来、このメソッドを「一人でも多くの人に伝え、すべての人を笑顔にしたい」との思いで、セミナーや研修、コンサルティングを通して普及活動を行う。2018年には「性格統計学」にもとづくアプリ「伝え方ラボ」を開発。その後、さまざまな企業で導入され、職場の人間関係の改善や営業活動にも活用されている。2020年には、Web3時間で履歴書に書ける資格が取れる「伝え方コミュニケーション検定講座」のパッケージ化に成功。現在では認定コンサルタントや認定講師の育成も行う。時代のニーズに対応しながら、企業や自治体、学校まで、全国すべての人のコミュニケーション改善に貢献する活動を続けている。主な著書に、『たった一言で部下が自分から動くすごい伝え方』（WAVE出版）、『わが子がやる気になる伝え方～性格3タイプ別の声がけで自己肯定感が高くなる～』（小学館）などがある。

性格が合わないんじゃなくて
話がかみ合っていないから

2023年12月13日　第1版　第1刷発行

著　者　　稲場真由美
発行所　　WAVE出版
〒102-0074　東京都千代田区九段南3-9-12
TEL 03-3261-3713　FAX 03-3261-3823
振替 00100-7-366376
E-mail: info@wave-publishers.co.jp
https://www.wave-publishers.co.jp
印刷・製本　中央精版印刷株式会社

NDC 361　159p　19cm　ISBN978-4-86621-469-6